خرس های کوچک و عسل

Kleine Bären und Honig

در اعماق یک جنگل سبز و زیبا، مامان خرس و سه توله بازیگوش او، بنی، بلا، و بابی، در یک خانه زیرزمینی دلپذیر زندگی می‌کردند. آنها به عنوان خانواده‌ای شاد و خوش‌خنده در جنگل معروف بودند.

Tief in einem wunderschönen grünen Wald lebten Mama Bär und ihre drei verspielten Jungen Benny, Bella und Bobby in einem gemütlichen unterirdischen Haus. Sie waren als glückliche und fröhliche Familie im Wald bekannt.

با "لیتیل لیتیل پاپی"، یک پروژه ویژه از خانواده افغان ما آشنا شوید. برای برادرزاده ۴ ساله مان در اروپا کتاب فارسی پیدا نکردیم و کتاب های خودمان را نوشتیم و چاپ کردیم! در حال حاضر، کتاب های ما در سراسر جهان در دسترس است. این کتاب ها درباره زبان و فرهنگ هستند و داستان های سرگرم کننده فارسی با ترجمه به زبانهای انگلیسی، آلمانی، فرانسوی، هلندی و سایر زبان ها پیدا کنید.

کتاب های ما به کودکان کمک می کند تا زبان فارسی بیاموزند و مهارت های زبان فارسی خود را بهبود بخشند.
در این ماجراجویی به ما بپیوندید، کودکان را با داستان ها و یادگیری از زبان های مختلف دور هم جمع کنیم!

Entdecken Sie „Little Little Puppy", ein besonderes Projekt unserer afghanischen Familie. Wir konnten für unseren 4-jährigen Neffen in Europa keine Farsi-Bücher finden, also haben wir selber unsere Bücher geschrieben und gedruckt! Mittlerweile sind unsere Bücher weltweit erhältlich. Die Bücher handeln von Sprache und Kultur und enthalten unterhaltsame Geschichten auf Farsi, die ins Englische, Deutsche, Französische, Niederländische und andere Sprachen übersetzt wurden.

Unsere Bücher helfen Kindern beim Erlernen und Verbessern ihrer Farsi-Sprachkenntnisse. Begleiten Sie uns auf diesem Abenteuer, bei dem wir Kinder mit Geschichten zusammenbringen und verschiedene Sprachen lernen!

LITTLE LITTLE PUPPY

Ihr unterirdisches Zuhause sah aus wie ein wunderschönes Kunstwerk, dekoriert mit weichen Teppichen und Wänden aus gewebten Spinnweben. Es duftete immer nach süßem Honig.

خانه زیرزمینی آنها شبیه یک اثر هنری زیبا بود، با فرش نرم و دیوارهایی از تارهای بافته شده تزئین شده بود. همیشه معطر به بوی خوش عسل بود.

دلیل این علاقه خاص و ویژه آنها به عسل این بود که آنها از آن بیشتر از هر چیزی لذت می‌بردند!

Der Grund für ihr besonderes Interesse an Honig war, dass sie ihn über alles liebten!

Mama Bär war die mutigste und geschickteste Honigjägerin im Wald. Jedesmal wenn sie zu ihren Honigjagd-Abenteuern aufbrach und ihre drei Jungen allein zu Hause liess, sagte sie mit ihrer beruhigenden Stimme zu ihren Kindern: „Meine Lieben, dieses Mal werde ich euch süßeren Honig besorgen!"

مامان خرس شجاع‌ترین و ماهرترین شکارچی عسل در جنگل بود. او برای ماجراهای شکار عسلش به راه می‌افتاد و سه توله‌اش را در خانه تنها می‌گذاشت. او همیشه با صدای آرامش‌بخش خود به فرزندانش می‌گفت: "عزیزانم، اینبار عسل شیرین‌تری را برای شما به دست خواهم آورد!"

یک صبح آفتابی، مامان خرس دست بچه‌هایش را بوسه کرد و به شکار عسل به سمت جنگل رفت.

An einem sonnigen Morgen küsste Mama Bär ihren Jungen die Tatzen und ging in den Wald, um nach Honig zu suchen.

جنگل در حالت بالایی از
زندگی بود.

Der Wald war voller Leben.

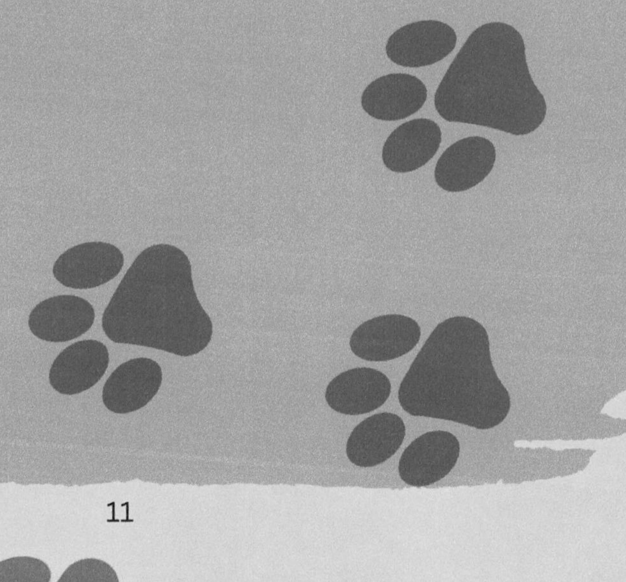

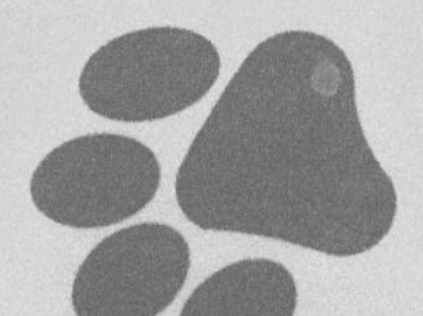

Überall waren die Geräusche singender und bunter Vögel, die Blätter alter Bäume und das Gelächter aus den entfernten Teilen des Waldes zu sehen und zu hören. Mama Bär summte sanft einen Teil eines melodischen Liedes vor sich hin und lief tief in den Wald hinein.

صداهای پرندگان خوش خوان و رنگارنگ، برگ‌های درختان کهن سال، و خنده‌هایی از نقاط دور جنگل در همه‌جاه دیده و شنیده می‌شد. مامان خرس با ملایمت بخشی از یک ترانه آهنگین را با خود زمزمه می‌کرد و به عمق جنگل در حرکت بود .

Die Bärenmutter
fand plötzlich viel
Honig in der Nähe
eines Baumes und

به خانه برگشت وقتی توله خرس ها مادر و عسل را دیدند با خوشحالی به سمت مادر دویدند.

kehrte nach Hause zurück. Als die Jungen die Mutter und den Honig sahen, rannten sie glücklich auf die Mutter zu.

Benny, das ältere Jungtier, hatte es etwas eilig und wollte als Erster den Honig probieren. Während er ungeduldig auf den Honig wartete, fragte er Mama Bär: „Mama, warum müssen wir jedem die gleiche Menge Honig geben? Ich bin größer und stärker. Sollte ich nicht einen größeren Anteil haben als die anderen? "

بنی، توله بزرگ‌تر، کمی عجول بود و قصد داشت اولتر از همه به عسل دست پیدا کند. چون او بی‌صبرانه در انتظار عسل نشسته بود از مامان خرس پرسید: "مامان، چرا باید به همه عسل را به اندازه یکسان بدهیم؟ من بزرگ‌تر و قوی‌تر هستم. آیا نباید سهم بیشتری از دیگران داشته باشم؟"

Mama Bär antwortete Benny mit einem freundlichen Lächeln: „Liebling, in unserer Familie sollten alle immer gleich sein. Unsere Größe und unsere Stärke spielen hier keine Rolle. Wir sind alle Mitglieder derselben Familie und wir sollten immer aufeinander aufpassen und alle sollen die gleiche Menge bekommen. Dieser wichtige Grundsatz wird in unserer Familie aufrechterhalten, damit wir Alle glücklich und zufrieden dem genießen können, was wir haben. "

مامان خرس با لبخندی مهربان به بنی پاسخ داد: "عزیزم، در خانواده ما همیشه باید همه یکسان و برابر باشند. اندازه ما و قدرت ما در اینجا مهم نیست. ما همگی اعضای یک خانواده هستیم و همیشه باید از هم مراقبت کنیم و همه باید به اندازه یکسان داشته باشند. این اصل مهم در خانواده‌مان حفظ می‌شود تا همگی با شادی و رضایت از آنچه داریم بهره‌مند شویم."

بنی از درس مامانش یاد گرفت و تصمیم گرفت عسل را با بقیه به اشتراک بگذارد. هنگامی. این تجربه به آنها یادآور شد که همیشه در خانواده باید از یکدیگر مراقبت کنند و به اندازه یکسان از لذت‌های زندگی بهره‌مند شوند.

Benny lernte aus der Lektion seiner Mutter und beschloss, den Honig mit anderen zu teilen. Diese Erfahrung erinnerte sie daran, dass sie in der Familie stets aufeinander aufpassen und die Freuden des Lebens gleichermaßen genießen sollten.

پایان
Das Ende

Little Little Puppy Education wird von einer Familie geführt und bietet Farsi und mehrsprachige Bücher für Kinder und Erwachsene weltweit.

 Instagram: @littlelittlepuppy

www.ingramcontent.com/pod-product-compliance
Lightning Source LLC
LaVergne TN
LVHW071705180726
843512LV00002B/554